পদ্যমূল

সাগর শর্মা

বিষয়বস্তু

বিষয়বস্তু

ভূমিকা

পদ্যমূল কবির জীবনের প্রথম সার্থক কাব্যগ্রন্থ।এতে মোট ২১ টি কবিতা আছে।কবিতাগুলির রচনাকাল ১১ই ডিসেম্বর ২০১৮ থেকে ০৫ই অক্টোবর ২০১৯।জীবনের এই প্রথম সার্থক কাব্যটির কবি নামকরণ করেছেন পদ্যমূল।

স্বীকার

ধন্যবাদান্তে Notion Press Publication

প্রস্তাবনা

"আমরা ভারতের জনগণ,ভারতকে সার্বভৌম,সমাজতান্ত্রিক,ধর্মনিরপেক্ষ,গণতান্ত্রিক,সাধারণতন্ত্র রুপে গড়ে তুলতে এবং তার সকল নাগরিকই যাতে সামাজিক,অর্থনৈতিক ও রাজনৈতিক ন্যায়বিচার,চিন্তা,মতপ্রকাশ,বিশ্বাস,ধর্ম এবং উপাসনার স্বাধীনতা,সামাজিক প্রতিষ্ঠা অর্জন ও সুযোগের সমতা প্রতিষ্ঠা এবং তাদের সকলের মধ্যে ব্যক্তির মর্যাদা এবং জাতীয় ঐক্য ও সংহতি সুনিশ্চিতকরণের মাধ্যমে তাদের মধ্যে যাতে ভ্রাতৃত্বের ভাব গড়ে ওঠে তার জন্য সত্যনিষ্ঠার সঙ্গে শপথগ্রহণ করে,আমাদের গণপরিষদে আজ,১৯৪৯ খ্রিস্টাব্দের ২৫ শে নভেম্বর,এতদ্বারা এই সংবিধান গ্রহণ,বিধিবদ্ধ এবং নিজেদের অর্পণ করছি।"

কবি পরিচিতি

কবি সাগর শর্মা ১৪১১ বঙ্গাব্দের ২৪ বৈশাখ (০৭ই মে ২০০৪ ইং) ত্রিপুরা রাজ্যের ধর্মনগরে জন্মগ্রহণ করেন। সাগর মূলত কবি হলেও এখন পর্যন্ত ১০৬ টি কবিতার পাশাপাশি ১৩ টি গান,২টি নাটক,৯টি অনুগল্প,১ টি রম্যরচনা এবং বেশ কিছু প্রবন্ধ-নিবন্ধ লিখেছেন।বর্তমানে তিনি বীর বিক্রম ইনস্টিটিউশনে একাদশ শ্রেণিতে বিজ্ঞান বিভাগে অধ্যয়নরত।

সাগর শর্মা

১. তুমিই প্রকৃতি

তুমি মাতা,তুমি পিতা,তুমিই মোদের স্মৃতি
দাও মোদের পরম আয়ু,ঘটাও প্রেমস্ফীতি।
তুমিই প্রকৃতি॥
সুখদুঃখ প্রদাতা তুমি,তুমিই মোদের ত্রাতা
দাও মোদের জল ও বায়ু,দাও পূর্ণ স্বাধীনতা।
তুমিই বিধাতা॥
তোমাতেই মোরা খুঁজে নেব এই মুক্তোর উপাদান-
তোমার ক্রোড় হইতে মোরা হইব না প্রত্যাখ্যান।
তুমিই মোদের আজান।
তুমিই মোদের দাতা কর্ণ,তুমিই মোদের শৌর্য
তুমিই বিশ্বের পরমাশ্রয়,তুমি বিশ্বের সৌন্দর্য।
তুমিই মোদের ধৈর্য॥
তোমাকেই ভালোবাসি,রাখিব তোমারই মান,
জীবন মোর করে দেব তোমাকেই দান।
তুমিই মোদের সম্মান॥
তোমার দ্বারা মোদের চক্ষু হইবে উন্মীলিত
তোমার প্রতি মোদের ভালোবাসা হইবে না প্রশমিত।
তুমিই মোদের হিত॥
তোমার প্রতি মোদের আশা নয় বনের ক্ষুদ্রসম বীথি।
তোমাকে নিয়েই মোদের জীবনের সকল উদ্ধৃতি॥

2. বড়োদিন মানে

বড়োদিন মানে
শীতল আমেজ
বড়োদিন মানে শৈত্য।
বড়োদিন মানে
খুশির হাওয়ায়
সাজে মানবের চিত্ত॥
বড়োদিন মানে
স্মৃতিতে ভাসে
এক সদ্যজাত শিশু।
এমন দিনেই
জন্মেছিলেন
পরম ঈশ্বর যীশু॥
বড়োদিন মানে
চতুর্দিকে
আনন্দের সমাহার।
বড়োদিন মানে
আনেন সান্তা
সাজানো উপহার॥
বড়োদিন মানে
ভ্রাতৃত্ববোধ
মহামিলনের চিত্র।
বড়োদিন মানে

অটুট বন্ধন
ধর্মাধর্মের মিত্র॥
বড়োদিন মানে
মানব মিলন
যেন মানবপ্রীতি।
এই তো বড়োদিন
জাগাও মিলন
ভুলে অতীত স্মৃতি॥
বড়োদিন মানে
বিশ্ব জনের
এক মন, এক প্রাণ।
বড়োদিন দিল
গানের একই
সুরের ঐক্যতান॥
বড়োদিন মানে
অন্তরে জাগে
অতীতের গৌরব।
বড়োদিন মানে
অমৃত স্মৃতি
মৈত্রীপ্রেমের সৌরভ॥
এবার বড়োদিন
পৃথিবী ব্যাপী
যন্ত্রণার অবসান।
সুরের তান
প্রেমের বাণ
প্রভু যীশুর জয়গান॥
অন্তরের এই

কল্লোলিত
মৈত্রী শতদল।
বড়োদিন মানে
মানব হৃদয়
চির প্রাণ চঞ্চল॥

৩. অশান্ত কবি

কী কবিতা লিখিব আমি এ শুভ ক্ষণে?
জানিনা যে কিছুই তাঁহার ভাবকথা॥
কোনো ছন্দ আসিছে না আমার স্বপনে।
কী উপায়ে প্রকাশিব মোর মর্মব্যথা?
মনে নেই ছন্দ,আছে শুধুই ভাবনা।
কাব্যরস দাও মোরে হে ছন্দ প্রদাতা॥
কবিতা না লিখিলে মনে জাগে যাতনা।
এমতাবস্থায় কী লেখা যায় কবিতা?
কবিতায় থাকিবে রস,রহিবে ছন্দ।
কবিতা হইবে প্রিয় থাকে যদি সুখ॥
ছন্দ না থাকিলে কবিতা হইবে মন্দ।
তখন দেখানো যাইবে না এ শ্রীমুখ॥
দুখে মোর মনে ভাসে কবিতার গন্ধ।
তখনই আসে মোর কবিতার ছন্দ॥

4. শরতের মজা

শরৎকালে ঘরের চালে, উঁকি মারছে রৌদ্র।
সাথে এসেছে শুষ্ক হাওয়া, বায়ুতে নেই আর্দ্র॥
শরতের আজ মিলেছে দেখা গন্ধরাজ ও কাঁশে।
বর্ষা গিয়েছে, শরৎ এসেছে আমাদের ভালোবেসে॥
আকাশ আজ মুক্ত-মলিন শরতের আগমনে।
শরতের ডাকে, পদ্ম ফুটে পাঁকে ভাদ্র ও আশ্বিনে॥
এসেছে শরৎ, ঘটাতে মিলন মা ও সন্তানে।
মন ভরে যায়, পূর্ণতা পায়, শরতের আগমনে॥
অন্তরে আজ, নেই কোনো গ্লানি, মন হয়েছে তাজা।
আমি খুঁজে যাব, কোথায় পাব, এই শরতের মজা॥
আজি শরতে, মন মেতেছে, পুজোর আভাসে।
আজই প্রাতে, ঘুম ভেঙেছে, শিউলির সুবাসে॥
চারদিকে সব, সাজো সাজো রব, মেতেছে বাঙালি।
শারদীয়ায় আজ, মেতেছে গরিব, হেসেছে কাঙালি॥
শরতের মাঝে, মিলে মিশে গেছে, বাঙালি-মুসলমান।
মন্দির-মসজিদ সকলের এক মন, এক প্রাণ॥
শারদের মাঝে, ঢাক-ঢোল বাজে, এ কোন আনন্দের মোড়।
ভাই বোনে সবে মিলেছি আমরা মুখে নিয়ে এক সুর॥
সকলেই সমান, নেই অভিমান, কেউ নই কারো প্রজা।
আমি মরে যাই, যদি না পাই, এই শরতের মজা॥
শরতের সাড়া, দেয় আমাদের ধরা, এ মুক্তাকাশে।
এই পরিবেশ নির্মল হয় শরতের প্রকাশে॥

এসেছে শরৎ,ঘটাতে মিলন,মহানন্দের সুরে।
শরৎ এসেছে,মনে গেঁথেছে,শিশির ভিজেছে ভোরে॥
ভাদ্রাস্বিনে,স্মৃতি জাগে মনে,বেজেছে সুখের তান।
সকলের সাথে সকলে চলেছে রেখে তাদের মান॥
এই শরতে পাচ্ছি আশা,থাকছি পরমসুখে।
ভালোমন্দে,পরমানন্দে,হাসি লেগেছে মুখে॥
শরতের সুখে,কথা নেই মুখে,বাকি নেই কোনো সাজা।
মনে ব্যথা পায়,যদি চলে যায়,এই শরতের মজা॥

5. শরৎ আনন্দ

শরৎ কালে আমার ঘরে
ঢুকছে রোদের আলো।
আকাশে ছুটছে সাদা মেঘ সব
যেন ভেজা তুলো॥
আজি শরতে ফুল ফুটেছে
কেটেছে বর্ষা দিন।
বর্ষা দিনের মেঘ গর্জন
আজি হয়েছে লীন॥
এই শরতে মিলিত হবে
হিন্দু–মুসলমান।
মিলিত হবে ধনী–দরিদ্র
এক মন,এক প্রাণ॥

৬. স্বদেশপ্রীতি

শোনো হে ভারতবাসী হয়ো না সর্বনাশী
ত্যজিও না আপন সংস্কৃতি।
ভারতকে ভালোবাসো সকল কলঙ্ক নাশো
ভুলিও না এ দেশপ্রীতি॥
করো ধর্ম আচরণ করো না অনুকরণ
রেখো না হৃদয়েতে বিষ।
হয়ো না কারোর দাস রেখো না অত্যাবকাশ
দেশচিন্তা করো অহর্নিশ॥
ত্যজিও সকল ক্লেশ রেখো না মনেতে দ্বেষ
করিও প্রেমাঙ্কুর রোপণ।
রাষ্ট্রের কল্যাণে আশ্চর্য অভিযানে
করিও না নিজেকে গোপন॥
শ্রদ্ধা করো দেশমাকে নত করো মাথাটাকে
উদার ধর্মনীতির দ্বারা।
বৈজ্ঞানিক পদ্ধতিতে রেখো আশ ঈশ্বরেতে
হয়ো না সর্বহারা॥
দেশমাতার স্নেহাশিষে শান্তি আনিও দেশে
রাখিও তাহার ঐতিহ্য।
রাষ্ট্রের সফলেতে হাসিও আনন্দেতে
অপমান করিও না সহ্য॥
বিদেশের নকলে দেশের অমঙ্গলে
থেকো না কখনোই স্তব্ধ।

থাকো সদা স্বদেশী হয়ো না বিদেশী
করো সদা স্বদেশের শব্দ॥

৭. স্বামীজির ভ্রমণসূত্র

একদিন প্রাতে তথা রামকৃষ্ণ স্থলে।
দীক্ষা হেতু চলিলেন দত্তপুত্র বিলে॥
বিলে নাম ব্যতীত আছিল অন্য নাম।
নরেন নামেতে ওরে লোকে দিত দাম॥
রামকৃষ্ণ গৃহে পৌঁছি দেখিলা নরেন।
দোরে বসিয়া গুরু শাস্ত্রপাঠ করেন॥
সম্মুখে নরেনে দেখি শুধোলেন তিনি।
কী হেতু আমা গৃহে আগমন এখনি॥
স্তব্ধ হইলেন শুনি কথার ধরণ।
ভূমিষ্ঠ হইয়া-ধরিলেন শ্রীচরণ॥
উত্তরে কহেন-আমি লইব সন্ন্যাস।
তব কাছে লইব দীক্ষা এই যা আশ॥
সন্তুষ্ট হইয়া গুরু তারে দিলা দীক্ষা।
অদ্য হইতে তোর শুরু হইল শিক্ষা॥
নরেন আগ্রহী হন পাইতে বিধান।
দন্ডবৎ করিয়া করিলেন প্রস্থান॥
গৃহে ফিরিয়া তিনি কহেন বিবরণ।
দুখে আত্মীয়ের মনে জাগে শিহরণ॥
আত্মীয় পরিজন সবে কহে তাহারে।
পণ করিবার পূর্বে ভাবিও আবারে॥
নরেন কহেন আমি করিয়াছি পণ।
রামকৃষ্ণ ব্রতে আমি সঁপিয়াছি মন॥

এ দৃঢ় পণ আমি পারিব না ভাঙিতে।
তোমাদের কথা মনে থাকিবে সবেতে॥
রামকৃষ্ণ গৃহে গেলা অতি কাকভোরে।
তরিঘরি করিলেন সকল ব্যাপারে॥
রামকৃষ্ণ গৃহে গিয়া ডাকেন সজোরে।
রামকৃষ্ণ জিজ্ঞাসিলা নরেন নাকিরে॥
নরেন কহেন তখন যে আজ্ঞে গুরু।
অদ্য হইতে তোর নয়া জীবন শুরু॥
গুরুদেব হাসিয়া কন মোর নন্দন।
দূর করো সকল সংসার চিন্তন॥
নরেন উত্তরিলা মুখে লইয়া হাসি।
অদ্য হইতে হইব প্রকৃত সন্ন্যাসী॥
হাসিয়া নরেনে কন কী বলিব আর।
কোনোরূপ চিন্তা নাই স্মৃতিতে আমার॥
অদ্য হইতে তুই হইবি সদাশয়।
দিব নতুন বস্ত্র রামকৃষ্ণে কয়॥
রামকৃষ্ণ দিলা তারে গৈরিক বসন।
সঙ্গেতে কমন্ডুলু বসিবার আসন॥
সব দেখি নরেন পাইলেন আনন্দ।
নরেন হইলেন স্বামী বিবেকানন্দ॥
গুরুদেব ইষ্টমন্ত্র করিলেন দান।
ভাবেতে মজিল বিবেকানন্দের প্রাণ॥
পরিচয় শিষ্যের সহিত করিবারে।
অন্দরেতে চলিলেন সমভিব্যাহারে॥
গুরুদেবের সহিত দেখিয়া নরেনে।
পরিচয় চাহিলেন সর্ব শিষ্যগণে॥
উত্তরিলা বিবেকানন্দ স্নিগ্ধ নয়ন।

সাগর শর্মা

প্রণমিয়া চলিলেন ভারত ভ্রমণে॥

৪. আনন্দিত চাষি

ধনের প্রাচুর্য আছিল না,সে লোকের কাছেতে
আছিল শুধু ছোটো দুটি ভবন।
কিন্তু জীবন তাঁহার চলিতেছিল অবিরাম গতিতে-
মুকুল আসিত পুষ্প বাগানে সর্বক্ষণ॥
পুষ্প চয়ন করিত সে প্রত্যহ প্রাতে
কর্ম করিতে সদা ডুবিত সে গীতে।
পুষ্পমধু আহরিত বহু প্রজাপতি
সুগন্ধেতে সম্মোহিত গগনময় অতি॥
বহু পরে সেই ব্যক্তিটি চলিত মাঠ প্রান্তরে-
গড়িত সে নিজ জমি কর্ষনার্থে।
সেইক্ষণে গাইত সে উচ্চৈঃস্বরে
গীতিগুলি নির্ভরিত গ্রাম্য সংস্কৃতি অর্থে॥
কর্ম সম্পন্ন করিয়া ফিরিত সে ঘরেতে,
তখন বেদনা হইত সজোরে হাঁটিতে।
ফিরিত সে ঘরে,হইত তদা গোধূলি
থাকিত সে ঘুমন্ত,রাত্রি যখন যাইতেছে চলি॥
শরতের অবসরে,পাক ধরিল যখন ফসলে
সেই ব্যক্তি হইল সুখে আনন্দিত।
এত সুন্দর চাষ,সে দেখেনি কস্মিন কালে-
চলিল সে সেথা,যেথা জমি অবস্থিত॥
ফসলের প্রতি,লক্ষ্য করিল সে,চক্ষুফলক ফেলা ছাড়া
ফসল ভিজিতেছিল ক্ষুদ্র শিশিরবিন্দু দ্বারা।

দেখিয়া ইহা লোকটি হইল মুগ্ধতায় পরম
এবং বুঝিল উষ্ণতা আজ নয় অতি চরম॥
সে-ব্যক্তি কাটিল সেই পূর্ণ ধান
ব্যবহার করিল সে এক সূক্ষ্ম ছুরি,
আনন্দেতে মুখে সে ধরিল যে গান
ভাবিল জীবনের প্রয়োজন,যায়নি আজও ফুরি॥
সকল শস্য হাটেতে সে করিল বিক্রয়,
ভাবিল একটি শুভ কাজ করিল নিশ্চয়।
তখন হইতে প্রত্যহ তাঁহার টাকা আসিত ঘরে
হইতে লাগিল ধনীর-ধনী ভাগ্যলক্ষ্মীর বরে॥

৯. গুরু ও শিষ্য

গুরুর প্রতি শিষ্য

যদি করি টেলিফোন মঙ্গলবারেতে
ফোন পাইয়াও অতি,রহেন নিশ্চুপ,
মঙ্গলে দেখাইবেন কি,তব শ্রীমুখ?
সেইদিন আসিতেছে আগামী কল্যতে।
জানাইবেন এইকথা অনুগ্রহেতে,
স্ব-আগমন নাকি রহিবেন বিমুখ॥
গুরুর প্রতি শিষ্য

অতিক্রান্ত হইল যে এক দিবারাত্র,
তবুও পাইলাম না,কোনো সদুত্তর,
কেন,এখনো,রহিয়াছেন নিরুত্তর?
আবার জানিতে মোর,আবেদন মাত্র।
প্রত্যাশা!জবাব,দিবেন অতি সত্বর
জানিতে যে শিহরিত হইতেছে গাত্র।
ভাবিবেন-আমি আছিলাম তব ছাত্র
যদি শীঘ্র না পাই আমা প্রশ্ন উত্তর॥

১০. বাহিরের মূল্য

ঘরোয়া বলিল হেসে–''ওহে ভবঘুরে।
ফিরিয়া আসো গৃহেতে সারাদিন পরে॥
সর্বদা বাহিরে থাকো তুমি বড়ো বাজে।
গৃহে ফিরিয়াও তুমি লাগো কোন কাজে?''
ভবঘুরে উত্তরিল,''ওহে সহোদর।
গৃহে রহিয়া তোমার এতই কদর॥
যেদিন আসিবে তুমি গৃহের বাহিরে।
নিজ গৃহ স্মৃতি আর ভাবিবে না পরে।''
আবদ্ধ মানুষকে ছাড়িলে পরিবেশে।
ঘুরিতে থাকে দিগন্ত অতি অনায়াসে॥
খাঁচা হইতে ছাড়িলে খাঁচার পাখিরে।
প্রশ্রয়ে উঠিয়া যায় গৃহস্থের শিরে॥

11. পুলওয়ামা ২০১৯

১৪ ই ফেব্রুয়ারি এ বিশেষ দিনে;
দু-হাজার উনিশে-
পাকিস্তানি উগ্রবাদী দ্বারা
কেঁপে উঠল সমগ্র ভারত!
কাশ্মীরের পুলওয়ামায়
হল মহা বিস্ফোরণ,
মাতৃভূমি হল লাল
নিহত হল ৪০ জওয়ান;
জেগে উঠল সমগ্র ভারত
সকলের শ্বাস হল রুদ্ধ।
যুদ্ধ,যুদ্ধ আর যুদ্ধ॥
অন্তত ১২ দিন পর;
তিনটি জঙ্গি ঘাঁটি-
পাকিস্তানের ৮০ কিমি ভিতর
এর ভিতরে ঢুকে
প্রতিশোধ নিল ভারত।
দেশভক্তি ও দেশাত্মবোধে,
পাকিস্তানে করল তছনছ
সরানো হল পাকিস্তানি ক্রিকেটারদের ছবি-
পাকিস্তান হল মুগ্ধ,
কী যুদ্ধ॥
পাক প্রধানমন্ত্রী ইমরান খান

বলেছিলেন পাকিস্তানের নেই দোষ;
যেন মনে হয়-
ভাঙবেও তবু মচকাবে না,
আন্তর্জাতিক চাপে পাকিস্তান
জব্দ হয়েও করল না দোষ স্বীকার;
আই.সি.সির কাছে আবেদন হল
ভারত-পাক ম্যাচ বয়কট হেতু,
আই.সি.সি না শুনলেও,
পাকিস্তান রইল ভীতু।
যেন জ্যান্ত কেতু॥
এফ-১৬ ব্যবহার করল অপকাজে
আমেরিকার চুক্তি করল লঙ্ঘন!
সন্ত্রাস দমনের পরিবর্তে
সন্ত্রাস বাড়তে লাগল।
কূটনীতিবিদ ডোনাল্ড ট্রাম্প-
চাপ বাড়াতে লাগল,
পাকিস্তানের উপর;
সৌদি যুবরাজ ভারতে এসে-
দেখা করলেন নরেন্দ্র মোদির সাথে
স্থাপিত হল বন্ধুত্ব
ভারতবর্ষের হিতে।
চিন-পাক বন্ধুত্ব হইল না বিচ্যুত-
এ খুবই অদ্ভুত॥
দীর্ঘদিন অতিক্রান্ত,ভালো লাগছে না লড়াই।
মনে হয় দেশ ছেড়ে নিজের প্রাণ বাঁচাই॥
মহানাশের যুদ্ধ এতে মন হয়েছে বদ্ধ।
কী যুদ্ধ,কী যুদ্ধ,কী যুদ্ধ॥

12. একুশ শতক

আমাদের এই একুশ শতক-
কত উন্নত।
আগের কথা মনে পড়লে,
ভাবি অনুন্নত॥
আগে ছিল গোরুর গাড়ি,
এখন বাস-ট্রাম।
সৌখিনতার বশে আমরা-
হয়ে যাই চার্ম॥
গ্রীষ্মকালের জন্য ছিল-
হস্তচালিত পাখা।
এই যুগে এখন সে-সব,
যায় না আর দেখা॥
আগের দিনে যুদ্ধ হত,
তীর ধনুক দিয়ে।
এখনকার যুদ্ধ সব
বোমা গুলি দিয়ে॥
নমস্কার করাই ছিল-
পুরাতন সৌজন্যতা।
কালে কালে সব উঠেছে,
এগিয়েছে সভ্যতা॥
পাশ্চাত্য সংস্কৃতিকে ভাবি
অতি আধুনিকতা।

ভুলে যাই তখন আমরা–
রবিঠাকুরের কথা॥
অতীত ঐতিহ্য ভুলেছি আমরা–
নই আর বাঙালি।
পাশ্চাত্য সংস্কৃতি কাছে,
হয়েছি কাঙালি॥
যে দেশের নেই ঐতিহ্য,সে দেশের নেই গর্ব।
ভুলে যাব যথা,জন্মেছি হেথা,ভাববো না এতে মরবো॥

13. একাকীত্ব

এক যে ছিল মানব,তার ছিল না কোনো ভাই।
নিজের সাথে নিজেই সদা কথা বলত তাই॥
সর্বদা সে প্রশ্ন করত নিজস্বের কাছে।
ভাবত এতেই,উত্তর অন্তর্নিহিত আছে॥
বদ্ধ ঘরে থাকত সে অতি নির্জনে।
কী করে করবে ভালো ভাবত মনে মনে॥
নীরব ও নিশ্চিন্তে,বসে থাকত একা।
ঘুমন্ত অবস্থায় চলত তার স্বপ্নজাল আঁকা॥
লোকের ভালো করবে ভেবে,থাকত সে নীরবে।
ভাবত একাই থাকবে সে বাঁচবে ও মরবে॥
এভাবেই ভাবত সে আছে পরম সুখে।
একজনও ছিল না যে,কথা বলবে মুখে॥
ভাবত বসে একা একা থেকে অন্ধকারে।
এই ছিল তার নিয়তি সৃষ্টির বিচারে॥
আপনজনকে খুঁজত হেথা,পেত নাকো হায়।
কেন তাকে এমন কষ্ট দিলেন বিধাতায়?

14. ফুটবল

বাঙালির অতিপ্রিয়,এ যে অতি অমিয়।
এতেই সবার মান,এতেই বাঙালির প্রাণ॥
এর নাম ফুটবল,থাকে শুধু দুটি দল।
যখন ঘটায় সংঘর্ষ,মনেতে জাগে হর্ষ॥
এটি একটি মজার খেলা,দু–দলের মোকাবিলা।
এতে আছে সুখ.এতেই বাঙালির ঝোঁক॥
কারোর হয় জয়,কারোর পরাজয়।
কাউকে হাসায়,কাউকে কাঁদায়॥
কারোর হয় উত্তেজনা,কেউ পায় সান্ত্বনা।
সবাই হতে চায় পেলে,এই ফুটবল খেলে॥

15. ত্রিপুরা

পুণ্যে পাপে
শীত উত্তাপে
এই রাজ্য ভরা।
শস্যে পূর্ণ
নেই বিদীর্ণ
এটাই ত্রিপুরা॥
শস্য-শ্যামল
গোলাপ-কমল
ফুটে ত্রিপুরাতে।
সবার চিত্ত
থাকে উন্মত্ত
হাসিতে খুশিতে॥
আছে মায়া
খুশির ছায়া
সবাই সবের ভাই।
পাপাচারীদের
দুষ্কৃতিদের
নাইকো কোনো ঠাঁই॥
আছে বাঙালি
আছে তপশিলি
আর আছে উপজাতি।
খুশিতে হেসে

মিলেমিশে
থাকে ভিন্নজাতি॥
রাজার গল্প
কুটির শিল্প
সুমধুর ও সুন্দর।
আগরতলে
সিঙ্গারবিলে
রয়েছে বিমানবন্দর॥
বাঁশ-বেত শিল্প
এর নেই বিকল্প
এবং টেরাকোটা।
কুটির শিল্পে
সময় অল্পে
গড়ে দালান কোঠা॥
থাকব হেথা
যাব আর কোথা?
যাব না ত্রিপুরা ছেড়ে।
করব যুদ্ধ অনির্বার
মান রাখতে ত্রিপুরার
সঙ্কট বুঝতে পেরে॥

১৬. পালবাবুর বাড়ি

এক যে ছিল বাবুসা'ব, পদবী তার পাল।
তার কেনা বাড়িই হল সবার কাছে কাল।
আট লক্ষ টাকা দিয়ে কিনেছিল বাড়ি—
গিয়েই আমি ভাবতাম কবে যাইব সেখান ছাড়ি॥
প্রতিমুহূর্তে সে আমার মনে দিত ব্যথা
দুঃখে ওর সাথে আমি বলতাম না কথা।
বাড়ির চেহারাও বীভৎস অতি কুৎসিত গঠন!
সে বাড়িতে সম্ভব নয় পঠন কিংবা পাঠন॥
সেই বাড়িতে নেই শান্তি কলহ বারো মাস,
সকল লোকের অবিশ্বাসে ডেকে আনত সর্বনাশ।
সেই বাড়িটি মনুষ্যের বাসের অনুপযুক্ত
সেইখানে গেলেই ভাবি কেমনে হব মুক্ত॥
সেই বাড়িতে থাকত প্রায় সকল পতঙ্গকুল,
বসবাস উপযোগী বললে হবেই হবে ভুল।
গ্রীষ্ম, বর্ষা, শরৎ, শীত সকল ঋতুতে—
প্রাণীবৃন্দের বেড়ানো চলত সুখেতে শান্তিতে॥
গ্রীষ্মে কেন্নো, বর্ষায় মশা, শরতে মাছির জ্বালা
শীতকালে ব্যাঙের ডাকে কান হয়ে যেত কালা।
তাছাড়াও পশু বেড়ালের চলত আনাগোনা
শালিক, চড়ুই, পেঁচা পাখি বাড়িতে দিত হানা॥
গুদামঘর ছিল তার গোরুঘরের ন্যায়
সেখানেতে মানবের থাকা অতি দায়।

বস্তির মতো বাড়ি ছিল তাই সৌন্দর্য হারা–
তবুও সেখানে থাকতে দিতাম প্রচুর ভাড়া॥
পালমশাই লোভী এবং অতি অহংকারী
সেই বাড়িতে থাকবে না কোনো পুরুষ নারী।
একী অন্যায় নয়? বলুন পাঠক গণ
পালবাবু মানুষ হিসেবে নন সজ্জন॥
সেই বাড়িতে আমি আর যাব না কোনোদিনও।
দয়া করে এই কথা শোনো সবে শোনো॥

১৭. লোকসভা নির্বাচন ২০১৯

রাহুলের শনি রোষ্ট,তবু তুঙ্গে রবি।
নির্বাচনের ফলাফলে হল ভরাডুবি॥
প্রধানমন্ত্রী ছিলেন যিনি,তিনিই মহামতি।
মোদির ভাগ্য সুপ্রসন্ন,তুঙ্গে বৃহস্পতি॥
নির্বাচনের ফলাফলে যার মুখ হল শুষ্ক।
তিনিই নমস্য মমতা-অস্থির মস্তিষ্ক॥
মায়া তার নেই তবু তিনি মায়াবতী।
মন তার ভালো নয় শুনেছি সম্প্রতি॥
একটিমাত্র কথা আর বলি সবিশেষ।
রাজনীতিতে ব্যর্থ হলেন শ্রী অখিলেশ॥

১৪. মোল্লার আনন্দ

রাজপথ দিয়ে যাচ্ছিলেন মোল্লা,
হাতে ছিল এক হাঁড়ি রসগোল্লা
সবাই জিজ্ঞেস করে রসগোল্লা কত
মোল্লা উত্তর দেন যত দাম তত।
সে সময় হাঁড়িটি নিয়ে গেল চিল–
মোল্লা চিলের দিকে মারলেন ঢিল॥
চিলটা উড়ে গেল দূর থেকে দূরে
মোল্লা নিরাশ হয়ে ফিরলেন ঘরে।
মসজিদে গেলেন তিনি,পরদিন প্রাতে
সঙ্গেতে ধর্মেতে নিয়েছিলেন হাতে॥
ধর্মগ্রন্থ পাঠ করে এগোচ্ছিলেন তিনি;
পথমধ্যে পেয়ে গেলেন মিষ্টির হাঁড়িখানি
ঊর্ধ্ব গগনে চাহি কহিলেন মোল্লা–
'সকলি তোমারি ইচ্ছা হে খোদাতাল্লা।
মসজিদের পূজারি আমি তাহা তুমি জান
কেন তবে মোর সাথে ছলনা এহেন?'
আল্লাহ্ দেখিয়া তাহা হাসিলা অন্তরে।
মোল্লা দেখিলেন মিষ্টি নাই যে ভিতরে॥

১৯. বিজ্ঞান

বিজ্ঞান! দিয়েছ মোদের বাঁচিবার আশা-
দিয়েছ স্বচ্ছ বায়ু, সুন্দর উজ্জ্বল পরমায়ু
জুগিয়েছ মোদের জীবনের ভাষা।
ঢেলেছ গলায় পানি, মুছেছ মোদের গ্লানি
দেখিয়েছ নতুন দিবসের ঊষা॥
এত কিছু দিয়েও দিনের শেষে-
মানুষের সাথে করেছ রঙ্গ, বানিয়েছ বিকলাঙ্গ
অনেক সুখ সাচ্ছন্দ্য, এনেছ দেশে।
মানুষ আজ সুখীর্তা, সুখের ছেড়েছে মাত্রা
মানুষ আজ নিষ্কর্মা বিজ্ঞানের ফাঁসে॥

20. আমার ভাষা

বাঙালির ছেলে আমি,মাছ ভাত খাই,
বাংলা বলতে কোনও ব্যথা নাই।
বাংলার সংস্কৃতি জানি,জানি এই ভাষা,
বাংলা বলতে লাগে অতিশয় খাসা।
বাংলার কবি আমি,বাংলা কবিতা লিখি,
বাংলায় গান গায় বঙ্গ পশুপাখি।
বাংলার দু কবিকে—রবি নজরুল,
অপমান করিবে যে তার হবে ভুল।
বাংলাকে জড়িয়ে আমার মান-সম্মান,
বাংলার জন্যে আমি দিব বলিদান।
দিন-দিনে,মাসে মাসে,বছরে ধরে,
আবার আসিব আমি বাঙালির নীড়ে।

21. দুর্গা এল দেশে

বছর পরে, মোদের তরে, দুর্গা এল দেশে
যতই করি, মা তুই এলি, মা কী সত্য আসে?
চৈত্র মাসে ছমাস পরে
আসিস মা তুই মোদের ঘরে
বলিস নারে-বছর পরে মা এল মাতৃবেশে॥
বল রে তোরা শারদীয়ার আছে কী কোনো তুল্য?
শরতের এই আনন্দে তাই, বাসন্তীর নেই মূল্য।
'বছর পরে' বলিস নে ভাই
আসছে মা যে দুই বেলাই
শারদীয়ানন্দেই সবাই বসন্তকে ভুলল॥
ইচ্ছে করে বলতে তোমায় মোদের ঘরে থাকো
মোদের কথা রাখতে তুমি পারবে না কী মাগো?
দেবাদিদেব বলবেন তবে
দেরি করিয়ে দিল সবে
এত কথাও শুনতে পারো! সেলাম তোমায় লাখো॥
জোড়হাত করে, বললেও পরে, থাকবে নাকো তুমি
দেবাদিদেব দেবেন তাড়া, সে যে তোমারি স্বামী।
তোমার আছে অনেক তাড়া
টিকিট যদি হয় হাতছাড়া
রেলগাড়ি মিস্ করো যদি টিকিট দেব আমি॥

* 9 7 9 8 8 8 5 4 6 2 1 4 3 *